Vorwort

Endlich ist die dunkle Winterzeit vorbei und der Frühling gewinnt seinen Platz. Wer hat nicht hier und da ein paar überflüssige Pfunde, die er loswerden möchte? Man möchte natürlich nicht auf alles verzichten, schon gar nicht auf luftig frische Backwaren. Schlemmen ohne Reue ist möglich, mit meinen Frühlings-Rezepten. Ich habe nach dieser Methode selber 34 Kilogramm abgenommen, ganz ohne Stress.
Ich wünsche Ihnen viel Spaß und Freude mit meinem Buch.

Inhaltsangabe

Vorwort
Mandel Cupcakes mit Vanille Häubchen
Schokoladen Zitronen Cupcakes
Schokolade Himbeere Cupcakes
Kokos Cupcakes
Blaubeere Cupcakes mit Vanille Häubchen
Blaubeere Muffins
Schokoladen Muffins
Schokoladen Orangen Zimt Muffins
Pekannuss Muffins
Brownies
Macadamia Brownies
Himbeere Macarons
Brombeere Macarons
Heidelbeere Macarons
Pfefferminz Macarons
Oster Zopf
Mandelbrot
Oster Quarkbrot
Oster Sandkuchen
Schoko Küchlein
Vanille Küchlein
Kuchen mit Schwips
Cashew Kuchen

Kokos Kuchen
Käsekuchen
Vanille Taler
Hasen Kekse
Schokoplätzchen
Zitronen Plätzchen
Cantuccini
Oster Frühstücks Eierkuchen

Nachtrag zum Impressum/Copyright

Herstellung und Verlag:
BoD - Books on Demand, Norderstedt
ISBN 978-3-7431-9459-5

Mandel Cupcakes mit Vanille Häubchen

Zutaten

Teig
200 g Quark
50 g Butter
5 Eier
200 g gemahlene Mandeln
1 TL Backpulver
Süßstoff nach Geschmack

Frosting
100 g weiche Butter
100 g Frischkäse
Mark einer Vanilleschote
Süßstoff nach Geschmack

Zubereitung
Den Ofen auf 180 Grad Ober- und Unterhitze vorheizen. Die Eier trennen und das Eiweiß steif schlagen. Nun das geschlagene Eiweiß beiseite stellen. Die übrigen Zutaten für den Teig in eine Schüssel geben und mit dem Handrührgerät zu einem sämigen Teig vermischen. Das Eiweiß unterheben. Ein Muffinblech mit Papierförmchen auskleiden und jeweils bis zur Hälfte mit Teig füllen. Die Muffins ca. 20 Minuten backen. Abkühlen lassen. Die Zutaten für das Frosting in eine Schüssel geben und vermischen. ½ Stunde im Kühlschrank stehen lassen. Alles in einen Spritzbeutel füllen und hübsch auf die Küchlein drapieren. Guten Appetit!

Schokoladen Zitronen Cupcakes

Zutaten

Teig
200 g Quark
50 g Butter
30 g Backkakao
5 Eier
200 g gemahlene Mandeln
1 TL Backpulver
Süßstoff nach Geschmack

Frosting
100 g weiche Butter
100 g Frischkäse
1 EL abgeriebene Schale
einer Bio Zitrone
1 EL Zitronensaft
Süßstoff nach Geschmack

Zubereitung
Den Ofen auf 180 Grad Ober- und Unterhitze vorheizen. Die Eier trennen und das Eiweiß steif schlagen. Nun das geschlagene Eiweiß beiseite stellen. Die übrigen Zutaten für den Teig in eine Schüssel geben und mit dem Handrührgerät zu einem sämigen Teig vermischen. Das Eiweiß unterheben. Ein Muffinblech mit Papierförmchen auskleiden und jeweils bis zur Hälfte mit Teig füllen. Die Muffins ca. 20 Minuten backen. Abkühlen lassen. Die Zutaten für das Frosting in eine Schüssel geben und vermischen. ½ Stunde im Kühlschrank stehen lassen. Alles in einen Spritzbeutel füllen und hübsch auf die Küchlein drapieren. Guten Appetit!

Schokoladen Himbeere Cupcakes

Zutaten

Teig
200 g Quark
50 g Butter
30 g Backkakao
5 Eier
200 g gemahlene Mandeln
1 TL Backpulver
Süßstoff nach Geschmack

Frosting
100 g weiche Butter
100 g Frischkäse
30 g Himbeeren, zerkleinert
1 Messerspitze Bindobin
Süßstoff nach Geschmack

Zubereitung
Den Ofen auf 180 Grad Ober- und Unterhitze vorheizen. Die Eier trennen und das Eiweiß steif schlagen. Nun das geschlagene Eiweiß beiseite stellen. Die übrigen Zutaten für den Teig in eine Schüssel geben und mit dem Handrührgerät zu einem sämigen Teig vermischen. Das Eiweiß unterheben. Ein Muffinblech mit Papierförmchen auskleiden und jeweils bis zur Hälfte mit Teig füllen. Die Muffins ca. 20 Minuten backen. Abkühlen lassen. Die Zutaten für das Frosting in eine Schüssel geben und vermischen. ½ Stunde im Kühlschrank stehen lassen. Alles in einen Spritzbeutel füllen und hübsch auf die Küchlein drapieren. Guten Appetit!

Kokos Cupcakes

Zutaten

Teig
200 g Quark
50 g Butter
5 Eier
200 g Kokosflocken
1 TL Backpulver
Süßstoff nach Geschmack

Frosting
100 g weiche Butter
100 g Frischkäse
50 g Kokosflocken
Mark einer Vanilleschote
Süßstoff nach Geschmack

Zubereitung
Den Ofen auf 180 Grad Ober- und Unterhitze vorheizen. Die Eier trennen und das Eiweiß steif schlagen. Nun das geschlagene Eiweiß beiseite stellen. Die übrigen Zutaten für den Teig in eine Schüssel geben und mit dem Handrührgerät zu einem sämigen Teig vermischen. Das Eiweiß unterheben. Ein Muffinblech mit Papierförmchen auskleiden und jeweils bis zur Hälfte mit Teig füllen. Die Muffins ca. 20 Minuten backen. Abkühlen lassen. Die Zutaten für das Frosting in eine Schüssel geben und vermischen. ½ Stunde im Kühlschrank stehen lassen. Alles in einen Spritzbeutel füllen und hübsch auf die Küchlein drapieren. Guten Appetit!

Blaubeere Cupcakes mit Vanille Häubchen

Zutaten

Teig
200 g Quark
50 g Butter
5 Eier
200 g gemahlene Mandeln
50 g Blaubeeren, gefroren oder frisch
1 TL Backpulver
Süßstoff nach Geschmack

Frosting
100 g weiche Butter
100 g Frischkäse
Mark einer Vanilleschote
Süßstoff nach Geschmack

Zubereitung
Den Ofen auf 180 Grad Ober- und Unterhitze vorheizen. Die Eier trennen und das Eiweiß steif schlagen. Nun das geschlagene Eiweiß beiseite stellen. Die übrigen Zutaten für den Teig in eine Schüssel geben und mit dem Handrührgerät zu einem sämigen Teig vermischen. Das Eiweiß unterheben. Ein Muffinblech mit Papierförmchen auskleiden und jeweils bis zur Hälfte mit Teig füllen. Die Muffins ca. 20 Minuten backen. Abkühlen lassen. Die Zutaten für das Frosting in eine Schüssel geben und vermischen. ½ Stunde im Kühlschrank stehen lassen. Alles in einen Spritzbeutel füllen und hübsch auf die Küchlein drapieren. Guten Appetit!

Blaubeere Muffins

Zutaten
220g Mandelmehl
1 Messbecher Bindobin
75 g weiche Butter
4 Eier
125g Blaubeeren
2 Prisen Salz
1 TL Backpulver
Süßstoff nach Geschmack
1 Fläschchen Vanille-Aroma

Zubereitung
Den Backofen auf 180 Grad Ober und Unterhitze vorheizen. Ein Muffinblech mit Papierförmchen auskleiden. Alle Teigzutaten in eine Schüssel geben und auf höchster Stufe zu einem Teig mixen. Die Papierförmchen jeweils zu zwei Dritteln mit Teig füllen und ca. 20 Minuten backen.

Schokoladen Muffins

Zutaten
220g Mandelmehl
1 Messbecher Bindobin
75 g weiche Butter
4 Eier
125g dunkle Schokolade, in Stücken
1 EL Kakaopulver zum Backen
2 Prisen Salz
1 TL Backpulver
Süßstoff nach Geschmack
1 Fläschchen Vanille-Aroma

Zubereitung
Den Backofen auf 180 Grad Ober und Unterhitze vorheizen. Ein Muffinblech mit Papierförmchen auskleiden. Alle Teigzutaten in eine Schüssel geben und auf höchster Stufe zu einem Teig mixen. Die Papierförmchen jeweils zu zwei Dritteln mit Teig füllen und ca. 20 Minuten backen.

Schokoladen Orangen Zimt Muffins

Zutaten
220g Mandelmehl
1 Messbecher Bindobin
75 g weiche Butter
4 Eier
125g Schokolade, gehackt
1 EL Kakaopulver zum Backen
1 EL abgeriebene Orangenschale
2 EL Orangensaft
1 TL Zimt
2 Prisen Salz
1 TL Backpulver
Süßstoff nach Geschmack
1 Fläschchen Vanille-Aroma

Zubereitung
Den Backofen auf 180 Grad Ober und Unterhitze vorheizen. Ein Muffinblech mit Papierförmchen auskleiden. Alle Teigzutaten in eine Schüssel geben und auf höchster Stufe zu einem Teig mixen. Die Papierförmchen jeweils zu zwei Dritteln mit Teig füllen und ca. 20 Minuten backen.

Pekannuss Muffins

Zutaten
220g Mandelmehl
1 Messbecher Bindobin
90 g weiche Butter
4 Eier
125g Pekannüsse, gehackt
2 Prisen Salz
1 TL Backpulver
Süßstoff nach Geschmack
1 Fläschchen Vanille-Aroma

Zubereitung

Den Backofen auf 180 Grad Ober und Unterhitze vorheizen. Ein Muffinblech mit Papierförmchen auskleiden. Alle Teigzutaten in eine Schüssel geben und auf höchster Stufe zu einem Teig mixen. Die Papierförmchen jeweils zu zwei Dritteln mit Teig füllen und ca. 20 Minuten backen.

Brownies

Zutaten
200 g Butter weich
80 g Kakaopulver zum Backen
Süßstoff nach Geschmack
4 Eier
150 g Mandeln gemahlen

Zubereitung
Alle Zutaten in eine Schüssel geben und verrühren. Ein tiefes Blech mit Backpapier belegen und den Teig draufschütten. Ca. 20 Minuten bei 200 Grad backen und in Stücken schneiden. Wer möchte, kann noch eine Tafel Schokolade 85% schmelzen und die Brownies damit überziehen.

Macadamia Brownies

Zutaten
200 g Butter weich
80 g Kakaopulver zum Backen
Süßstoff nach Geschmack
4 Eier
150 g Macadamiamehl, entölt
ersatzweise Mandelmehl
100 g Macadamias

Zubereitung
Alle Zutaten in eine Schüssel geben und verrühren. Ein tiefes Blech mit Backpapier belegen und den Teig draufschütten. Ca. 20 Minuten bei 200 Grad backen und in Stücken schneiden. Wer möchte, kann noch eine Tafel Schokolade 85% schmelzen und die Brownies damit überziehen.

Himbeere Macarons

Zutaten

Teig
45 g fein gemahlene Mandeln
70 g fein gemahlener Xucker
36 g geschlagenes Eiweiß
Lebensmittelfarbe

Füllung
100 g Butter, weich
Süßstoff nach Geschmack
30 g Low Carb Himbeermarmelade
oder pürierte Himbeeren

Zubereitung

Den Ofen auf 150 Grad Ober- und Unterhitze vorheizen. Alle Zutaten für den Teig in eine Schüssel geben und vorsichtig mischen. Mischung in einen Spritzbeutel füllen und kleine Häufchen auf eine Macarons Matte geben. Ca. 12 bis 15 Minuten backen. Die Macarons Schalen abkühlen lassen. Nun die Zutaten für die Füllung in eine Schüssel geben und verrühren. Die Schalen damit füllen. Guten Appetit!

Brombeere Macarons

Zutaten

Teig
45 g fein gemahlene Mandeln
70 g fein gemahlener Xucker
36 g geschlagenes Eiweiß
Lebensmittelfarbe

Füllung
100 g Butter, weich
Süßstoff nach Geschmack
30 g Low Carb Brombeermarmelade
oder pürierte Brombeeren

Zubereitung
Den Ofen auf 150 Grad Ober- und Unterhitze vorheizen. Alle Zutaten für den Teig in eine Schüssel geben und vorsichtig mischen. Mischung in einen Spritzbeutel füllen und kleine Häufchen auf eine Macarons Matte geben. Ca. 12 bis 15 Minuten backen. Die Macarons Schalen abkühlen lassen. Nun die Zutaten für die Füllung in eine Schüssel geben und verrühren. Die Schalen damit füllen. Guten Appetit!

Heidelbeere Macarons

Zutaten

Teig
45 g fein gemahlene Mandeln
70 g fein gemahlener Xucker
36 g geschlagenes Eiweiß
Lebensmittelfarbe

Füllung
100 g Butter, weich
Süßstoff nach Geschmack
30 g Low Carb Heidelbeermarmelade
oder pürierte Heidelbeeren

Zubereitung
Den Ofen auf 150 Grad Ober- und Unterhitze vorheizen. Alle Zutaten für den Teig in eine Schüssel geben und vorsichtig mischen. Mischung in einen Spritzbeutel füllen und kleine Häufchen auf eine Macarons Matte geben. Ca. 12 bis 15 Minuten backen. Die Macarons Schalen abkühlen lassen. Nun die Zutaten für die Füllung in eine Schüssel geben und verrühren. Die Schalen damit füllen. Guten Appetit!

Pfefferminz Macarons

Zutaten

Teig
45 g fein gemahlene Mandeln
70 g fein gemahlener Xucker
36 g geschlagenes Eiweiß
Lebensmittelfarbe

Füllung
150 g Butter, weich
Süßstoff nach Geschmack
1 TL Pfefferminztee, gemahlen

Zubereitung
Den Ofen auf 150 Grad Ober- und Unterhitze vorheizen. Alle Zutaten für den Teig in eine Schüssel geben und vorsichtig mischen. Mischung in einen Spritzbeutel füllen und kleine Häufchen auf eine Macarons Matte geben. Ca. 12 bis 15 Minuten backen. Die Macarons Schalen abkühlen lassen. Nun die Zutaten für die Füllung in eine Schüssel geben und verrühren. Die Schalen damit füllen. Guten Appetit!

Oster Zopf

Zutaten
200 ml Sahne
150 g Mandelmehl
150 g Gluten
30 g Butter
50 g Eiweißpulver
2 Eier
1 Würfel frische Hefe
1 kleine Prise Zucker
100 ml warmes Wasser (40 Grad)
1 TL Salz

Etwas Sesam zum Bestreuen

Zubereitung
Das Wasser zusammen mit der Hefe und den Zucker in eine Schüssel geben und vermischen. Nun die restlichen Zutaten hinzufügen und mit dem Handrührgerät auf höchster Stufe vermengen. Den Teig eine Stunde gehen lassen. Zu einem Zopf flechten und bei 180 Grad Ober und Unterhitze ca. 50 Minuten backen. Guten Appetit!

Mandelbrot

Zutaten
300 g Magerquark
100 g Mandeln gemahlen
100 g Leinsamen gemahlen
20 g Butter
5 EL Weizenspeisekleie
8 Eier
1 TL Salz
1 Pck. Backpulver
2 EL Sonnenblumenkerne

Ein paar Mandeln zum Dekorieren

Zubereitung
Alle Zutaten außer den Sonnenblumenkernen in eine Schüssel geben und vermengen. Eine Kastenform mit Backpapier auskleiden und den Teig hinein geben. Mit den Sonnenblumenkernen bestreuen und in den Ofen schieben. Bei 180 Grad ca. 1 Stunde backen.

Oster Quarkbrot

Zutaten
4 Eier
200 g Quark
120 g weiße Mandeln gemahlen
1 EL Natron
1 TL Salz

Zubereitung
Alle Zutaten miteinander vermengen und in eine Mikrowellen geeignete Form geben. Bei 800 Watt ca. 6 Minuten garen.

Oster Sandkuchen

Zutaten
200 g weiche Butter
100g gemahlene Mandeln
100g Eiweißpulver
50 g Kokosflocken
70g gemahlene Haselnüsse
3 Eier
Süßstoff nach Geschmack
2 TL Backpulver
abgeriebene Schale einer Bio Zitrone
sowie der Saft dieser Zitrone

Zubereitung
Den Backofen bei Ober und Unterhitze auf 180 Grad vorheizen. Eine Kuchen Backform entweder gut einfetten, oder mit Backpapier auskleiden. Alle Zutaten in eine Schüssel geben und mit dem Rührgerät zu einem sämigen Teig vermengen. Den Teig in die Form schütten und ca. 1 Stunde backen.

Schoko Küchlein

Zutaten
150 g Mandelmehl
Süßstoff nach Geschmack
120 g Butter
60 g Zartbitterschokolade
80 g ungesüßtes Kakaopulver
4 Eier
1 TL Backpulver
Mark einer Vanilleschote

Zubereitung
Den Ofen bei 180 Grad Ober und Unterhitze vorheizen. Alle Zutaten in eine Schüssel geben und mit dem Handrührgerät zu einem sämigen Teig kneten. Kleine Backformen mit Backpapier auskleiden und mit dem Teig füllen. Ca. 25 Minuten backen.

Vanille Küchlein

Zutaten
200 g weiche Butter
150g gemahlene Mandeln
100g Eiweißpulver
70g gemahlene Haselnüsse
3 Eier
Süßstoff nach Geschmack
2 TL Backpulver
Mark eine Vanille Schote

Zubereitung
Den Backofen bei Ober und Unterhitze auf 180 Grad vorheizen. Eine Kuchen Backform entweder gut einfetten, oder mit Backpapier auskleiden. Alle Zutaten in eine Schüssel geben und mit dem Rührgerät zu einem sämigen Teig vermengen. Den Teig in die Form schütten und ca. 1 Stunde backen.

Kuchen mit Schwips

Zutaten
200 g weiche Butter
150 g gemahlene Mandeln
110 g Eiweißpulver
30 g Rum
20 g klarer Schnaps
1 Fläschchen Rumaroma
70 g gemahlene Haselnüsse
3 Eier
Süßstoff nach Geschmack
2 TL Backpulver
Mark eine Vanille Schote

Zubereitung
Den Backofen bei Ober und Unterhitze auf 180 Grad vorheizen. Eine Kuchen Backform entweder gut einfetten, oder mit Backpapier auskleiden. Alle Zutaten in eine Schüssel geben und mit dem Rührgerät zu einem sämigen Teig vermengen. Den Teig in die Form schütten und ca. 1 Stunde backen.

Cashew Kuchen

Zutaten
200 g weiche Butter
100g gemahlene Mandeln
100g Eiweißpulver
150 g Cashew Kerne
3 Eier
Süßstoff nach Geschmack
2 TL Backpulver
Mark einer Vanille Schote

Zubereitung

Den Backofen bei Ober und Unterhitze auf 180 Grad vorheizen. Eine Kuchen Backform entweder gut einfetten, oder mit Backpapier auskleiden. Alle Zutaten in eine Schüssel geben und mit dem Rührgerät zu einem sämigen Teig vermengen. Den Teig in die Form schütten und ca. 1 Stunde backen.

Kokos Kuchen

Zutaten
200 g weiche Butter
50 g Sahne
100g gemahlene Mandeln
100g Eiweißpulver
150 g Kokosraspeln
3 Eier
Süßstoff nach Geschmack
2 TL Backpulver
Mark einer Vanille Schote

Zubereitung
Den Backofen bei Ober und Unterhitze auf 180 Grad vorheizen. Eine Kuchen Backblech entweder gut einfetten, oder mit Backpapier auskleiden. Alle Zutaten in eine Schüssel geben und mit dem Rührgerät zu einem sämigen Teig vermengen. Den Teig in die Form schütten und ca. 1 Stunde backen.

Käsekuchen

Zutaten
1 kg Magerquark
Süßstoff nach Geschmack
8 Eier, getrennt
Mark einer Vanille Schote
1 EL Zitronensaft
1 Pck. Vanille Puddingpulver
1 Pck. Backpulver

Zubereitung
Die Eier trennen und das Eiweiß aufschlagen. Nun das Eiweiß beiseite stellen. Die übrigen Zutaten in eine Schüssel geben und mit dem Handrührgerät kräftig vermengen. Das Eiweiß vorsichtig unterheben. Nun die Masse entweder in eine Silikon-Backform füllen, oder eine Backform mit Backpapier auskleiden und dann die Masse hinein geben. Bei 180 Grad Ober und Unterhitze ca. 1 Stunde backen.

Vanille Taler

Zutaten
50 g Butter weich
100 g Eiweißpulver neutral
2 EL Vanillearoma
3 EL Süßstoff flüssig
2 Eier
2 EL Sahne
½ TL Backpulver

Zubereitung

Die Zutaten in eine Schüssel füllen und mit dem Rührgerät kräftig durchrühren. Den Teig für eine Stunde in den Kühlschrank stellen. Ein Backblech mit Backpapier auslegen. Aus dem Teig Kügelchen formen und auf das Blech geben. Ca. 15 Minuten bei 200 Grad backen.

Hasen Kekse

Zutaten
4 Eier
250 g gemahlene Mandeln
50 g Butter
Süßstoff nach Geschmack
2 Fläschchen Zitronenaroma
1 TL Zitronenschale gerieben

Eventuell etwas dunkle Schokolade als Verzierung

Zubereitung

Alles zusammen in eine Schüssel geben und mit dem Handrührgerät zu einer homogenen Masse verarbeiten. Kekse ausstechen und auf ein Backblech geben. Alles bei 180 Grad ca. 15 bis 18 Minuten backen. Nach dem Erkalten etwas Schokolade schmelzen und die Kekse verzieren.

Schokoplätzchen

Zutaten
500 g Quark mager
2 EL Backkakao
50 g zerbröckelte Schokolade
(mindestens 85 % Schokolade
nehmen)
12 EL Öl
2 EL flüssiger Süßstoff
3 Eier
Mark einer Vanilleschote
550 g sehr fein gemahlene
Mandeln oder Mandelmehl
50 g grob gehackte Mandeln
1 Pck. Backpulver
9 EL flüssige Sahne

Zubereitung

Alle Zutaten in eine Schüssel geben und mit dem Rührgerät ca. 2 Minuten zu einem Teig kneten. Auf einer Arbeitsfläche etwas Mandelmehl streuen und den Teig darauf ausrollen. Plätzchen ausstechen und auf ein mit Backpapier ausgelegtes Blech geben. Die Kekse dann bei 200 Grad ca. 15 Minuten backen.

Zitronen Plätzchen

Zutaten
500 g Quark mager
abgeriebene Schale einer Bio Zitrone
2 EL Zitronensaft
12 EL Öl
2 EL flüssiger Süßstoff
3 Eier
Mark einer Vanilleschote
550 g sehr fein gemahlene
Mandeln oder Mandelmehl
50 g grob gehackte Mandeln
1 Pck. Backpulver
9 EL flüssige Sahne

Zubereitung
Alle Zutaten in eine Schüssel geben und mit dem Rührgerät ca. 2 Minuten zu einem Teig kneten. Auf einer Arbeitsfläche etwas Mandelmehl streuen und den Teig darauf ausrollen. Plätzchen ausstechen und auf ein mit Backpapier ausgelegtes Blech geben. Die Kekse dann bei 200 Grad ca. 15 Minuten backen.

Cantuccini

Zutaten
150 g gemahlene Mandeln
Süßstoff nach Geschmack
70 g weiche Butter
2 Eier
1 Fläschchen Vanille Backöl
1 TL Backpulver
5 g Guarkernmehl

1 Prise Salz
100 g gehackte Mandeln

Zubereitung
Den Ofen auf 180 Grad Ober und Unterhitze vorheizen. Alle Zutaten in eine Schüssel geben und vermischen. Ein Backblech mit Backpapier auslegen und den Teig darauf verstreichen. Ca. 20 Minuten backen. Herausnehmen und in Stücke schneiden. Die Scheiben umdrehen und nochmals 10 Minuten nachbacken. Damit sie schön knusprig bleiben in eine Dose aufbewahren.

Oster Frühstücks Eierkuchen

Zutaten
150 g Mandelmehl
2 Eier
80 ml Soja Milch
1 Prise Salz
Süßstoff nach Geschmack

Zubereitung
Alle Zutaten in eine Schüssel geben und miteinander vermischen. Kokosöl oder anderes Öl in eine Pfanne erhitzen und nach und nach die Pfannkuchen abbacken.
Guten Appetit!

Nachtrag zum Impressum/Copyright

Shutterstock.com
- Torri Photo
- Maglara
- Elenaburn
- Sta
- Africa Studio
- Cheryl E Daris
- Goode Imaging
- Muda
- Sabyna 79
- Barbara Neveu
- Anastasiija
- Jelly
- Tanh Buih
- Kati molin
- Lesya Doluk
- Emelie Bourdages
- Slowomir Fayer
- 5 Second Studio
- Photogal
- Naumenko
- Szarkowsky